吉林省交通运输行业标准

公路建设植被保护技术指南

Technical Guide for Vegetation Conservation in Highway Construction

JLJTG/T E02—2017

主编单位：交通运输部科学研究院
批准部门：吉林省交通运输厅
实施日期：2017年07月01日

人民交通出版社股份有限公司

图书在版编目(CIP)数据

公路建设植被保护技术指南 / 交通运输部科学研究院主编. — 北京 : 人民交通出版社股份有限公司, 2017.8

ISBN 978-7-114-14054-9

Ⅰ. ①公… Ⅱ. ①交… Ⅲ. ①公路—路侧地带—植被—保护—中国—指南 Ⅳ. ①U418.9-62 ②Q948.52-62

中国版本图书馆 CIP 数据核字(2017)第 185209 号

书　　名: **公路建设植被保护技术指南**
著 作 者: 交通运输部科学研究院
责任编辑: 尤　伟
出版发行: 人民交通出版社股份有限公司
地　　址: (100011)北京市朝阳区安定门外外馆斜街 3 号
网　　址: http://www.ccpress.com.cn
销售电话: (010)59757973
总 经 销: 人民交通出版社股份有限公司发行部
经　　销: 各地新华书店
印　　刷: 北京市密东印刷有限公司
开　　本: 880 × 1230　1/16
印　　张: 1.75
字　　数: 30 千
版　　次: 2017 年 8 月　第 1 版
印　　次: 2017 年 8 月　第 1 次印刷
书　　号: ISBN 978-7-114-14054-9
定　　价: 30.00 元
(有印刷、装订质量问题的图书,由本公司负责调换)

前　言

为适应绿色公路建设和资源环境保护的要求，吉林省交通运输厅依托交通运输部科技示范工程和绿色公路主题性项目的"双示范"工程——鹤岗至大连高速公路(吉林境)建设项目，组织编制了《公路建设植被保护技术指南》(以下简称"本指南")。编制工作由交通运输部科学研究院负责，吉林省高等级公路建设局参编，同时得到了相关单位的大力支持和配合。

本指南系统总结了我国公路建设过程中植被保护的经验，在充分利用先进调查技术和多种技术相结合的基础上，有针对性地开展了1项科技推广项目，并参考借鉴了其他行业规范与地方标准。本指南体现了绿色交通发展的要求，适应公路建设植被保护的实际需求，对于提升公路环境保护技术水平，提高公路沿线自然景观效果，维护公路沿线自然生态系统，降低后期绿化养护成本具有重要的指导作用。

请各有关单位在执行过程中，将发现的问题和意见，函告交通运输部科学研究院(地址：北京市朝阳区惠新里240号；邮编：100029；电话：010－58278201；E－mail：wangti119@163.com)，以便修订时参考。

主 编 单 位：交通运输部科学研究院

参 编 单 位：吉林省高等级公路建设局

主要起草人：王　倜　王新军　陶双成　李劲松　孔亚平　王岩松　杨伟平
王德民　张利东　陈建业　陈济丁　陈学平

主　　审：刘占新

目　次

1　总则

1.0.1　为适应吉林省绿色公路发展的需要，加强公路建设过程中对植被的有效保护，提高设计、施工、管理等参建人员的环保意识，提升公路沿线自然景观效果，特编制本指南。

1.0.2　本指南适用于吉林省新建、改扩建高速公路建设全过程的植被保护，其他等级公路可参照执行。

1.0.3　公路建设植被保护技术应在保证公路使用功能，保证公路工程安全、人员安全和行车安全的前提下实施。

1.0.4　公路建设植被保护技术应在符合工地现场安全操作规程的前提下实施，保障施工人员的职业健康，保证施工安全。

1.0.5　公路勘察设计期的现场调查、公路施工期的植被保护技术实施等一系列环节，除应符合本指南要求外，尚应符合国家、行业和地方现行有关标准、规范的要求。

2 规范性引用文件

下列文件对于本文件的应用是必不可少的。凡是注日期的引用文件,仅注日期的版本适用于本文件。凡是不注日期的引用文件,其最新版本(包括所有的修改单)适用于本文件。

JTG F10 公路路基施工技术规范

JTG B04 公路环境保护设计规范

BS 4043 根部带土移栽的树木推荐标准

3 术语和定义

下列术语和定义适用于本指南。

3.1 就地保护 in situ conservation

以各种类型保护区的方式,对有价值的野生生物及其栖息地予以的保护,以保持生态系统内生物的繁衍与进化,维持系统内的物质能量流动与生态过程。

3.2 迁地保护 ex situ conservation

为了保护生物多样性,把因生存条件不复存在,物种数量极少等原因,生存和繁衍受到严重威胁的物种迁出原地,移入其他适宜区域,进行的特殊保护和管理。

3.3 清表 surface cleaning

表土(含腐殖土)及其上部的全部植被的铲除与开挖。

3.4 样方 quadrats

用于调查植物群落情况而设置的取样地块。

3.5 植被类型 vegetation types

植被群落的分类单位,简称林型,是按照群落的内部特性、外部特征及其动态规律所划分的同质植被地段。其命名规则一般以组成林分的优势树种名称,加上优势或能反映立地特点的下木的名称。

3.6 种群 population

一定时间和空间范围内同种个体的集合。

3.7 群落 community

在一定地段上所有生物成分的一个有规律的组合,以乔木和其他木本植物为主体。

3.8 群落组成 community composition

一个群落的全部植物种类。

3.9 群落特征 community characteristics

具有一定的种类组成,一定的结构和外貌,一定的动态特征,与环境具有不可分割的联系,具有一定的分布范围的植物群落的特征,包括多样性、生长形式和结构、优势种、丰富度等具体指标。

4 植被调查

4.1 植被调查方法

一般的植被调查方法包括遥感技术和样方法。

4.1.1 遥感技术

采用遥感解译技术对公路路线的卫星地图进行解译、判读和数据处理分析，获取全线植被类型分布图等基本情况，或者直接利用现有的公路工程可行性研究、环境影响评价、初步设计等文件中关于土地利用和植被类型的遥感解译资料和分析数据进行植被调查。这种方法省时省力，能快速掌握沿线植被类型的整体情况，但是受到精度和数据时效性的影响，结果可能存在偏差。

4.1.2 样方法

人工布设植物调查样方对公路沿线典型植被类型的现状特征进行调查记录，结果较为准确翔实，但耗费人力、物力、时间，且易受到环境条件限制，对掌握公路全线植被的总体情况会造成一定影响。

4.1.3 推荐调查方法

本指南推荐采用遥感技术和样方法相结合的植被调查方法，即采用遥感技术对公路沿线植被类型进行解译并对数据进行分析处理，掌握沿线植被基本情况，然后针对不同类型植被进行样方调查，获取植被情况详细数据。

4.2 遥感技术

4.2.1 技术适用阶段

遥感技术应在公路建设项目可行性研究、勘察设计阶段进行。

4.2.2 影像分辨率要求

影像分辨率应不低于30m，宜选择分辨率高于30m的高精度的遥感影像。

4.2.3 影像技术指标

宜采用多光谱近红外中波段,影像应覆盖需要进行植被保护的新建(改扩建)公路路段。

4.2.4 解译和分析软件要求

遥感解译软件应为 ERDAS、ENVI 中的一种或其组合;GIS 分析软件应为 ArcGIS、MapInfo、MapGIS 中的一种或其组合。

4.2.5 植被类型识别

首先采用遥感解译软件对地图影像进行解译并进行植被初步分类。然后使用 GIS 分析软件对解译后的植被类型进行合并和赋予属性,同时参考该区域已有的植被资料,识别出公路沿线植被类型。

4.2.6 公路路线叠加

应以校正的遥感影像为地理底图,利用 GIS 分析软件将公路线位图叠加到沿线植被类型分布图上。经叠加后,拟建公路与植被类型分布情况能在同一底图上体现。

4.2.7 数据校准

公路沿线植被类型分布图形成后,相关数据还应与样方调查数据进行比对,根据比对结果确定是否进行数据校准。

4.3 样方调查

4.3.1 调查时间

植被样方调查应在使用遥感技术掌握公路沿线植被类型以后,工程动工建设之前开展。植被调查季节应选择植物生长旺季,宜在 4 ~ 8 月。

4.3.2 调查位置

应首先在叠加公路路线的植被类型图上设置样方调查位置,公路全线每种植被类型应设置至少 3 个调查位置,每 5km 里程应设置至少 1 个调查位置。150km 以内的公路建设项目全线至少应布置 30 个调查位置。超过 150km,应每增加 5km 至少增加 1 个调查位置。每个调查位置应具有对应的地理坐标信息。

4.3.3 调查对象

调查对象应包括天然林、人工林、草地、湿地等地面植被类型,其他类型可不设置调查点位。

4.3.4 技术要求

4.3.4.1 样方数量要求

根据设置调查点的位置信息进行植物样方调查，每个调查点应至少设置1个植物调查样方，若样方内植物群落不具有典型代表性，应在调查点位附近另行设置或者增加设置植物样方。

4.3.4.2 样方面积要求

每个植物调查样方面积不小于400m^2(20m×20m)。

4.3.4.3 样方布局要求

20m×20m大样方为乔木调查样方，大样方内应分别设置至少5个(左上、左下、右上、右下、中央)2m×2m灌木小样方和1m×1m草本小样方。

4.3.4.4 样方调查指标

样方内的调查指标应包括：优势种、样方覆盖度、乔木平均胸径、乔木平均高度、乔木密度、主要灌草种类。植物样方调查记录表可参考附录A。

4.4 调查结果应用

将样方调查结果与植被类型分布图数据进行比对，如果存在偏差，应在分析软件中设置修正参数，重新生成植被类型分布图，确保与现场调查结果一致，以便准确掌握公路全线的植被类型情况、群落特征、分布特点。

5 植被分级及保护对策措施

根据植被样方调查结果,将公路沿线植被按照珍稀程度、树龄、径级和观赏性进行植被保护分级,具体分级保护标准和保护对策见表1。

表1 植被分级保护技术

分 级	植被等级及说明	植被保护对策措施
特级	国家Ⅰ级重点保护野生植物,以及国家和地方明文规定禁止破坏的种类	a)避让保护:如果种类形成一定种群面积,应建议设计单位采取路线规避措施; b)迁地保护:单个零星种类应通知当地有关部门对其进行移栽
一级	国家Ⅱ级及吉林省Ⅰ级和Ⅱ级重点保护野生植物、古树名木等。例如东北地区常见红松、黄檗、水曲柳等种类,以及树龄超过百年的古木	a)避让保护:如果种类形成一定种群面积,应建议设计单位采取路线规避措施; b)迁地保护:如果占地界内有适宜移栽的种类幼龄树(胸径<10 cm),应请专业人员或在专家指导下移栽到相似的生境; c)就地保护:占地界线附近不影响施工安全的所有植被应采取砍伐线保留和个体保护等就地保护措施
二级	吉林省Ⅲ级重点保护野生植物及常见树体高大、树形优美的个体乔木。例如东北地区常见的云冷杉、蒙古栎、椴树、杨树、榆树等	就地保护:占地界线附近不影响施工安全的植被宜全部采取砍伐线保留和个体保护等就地保护措施
三级	常见的普通乔木和大灌木。例如东北地区常见的杨树、落叶松、白桦、槭树、榆树、平榛、毛榛、丁香、东北山梅花、忍冬等	a)迁地保护:如果占地界内有适宜移栽的种类幼龄树(胸径<10 cm),应请专业人员或在专家指导下移栽到公路其他需要绿化的位置; b)就地保护:占地界线附近不影响施工的植被可进行选择性保护,宜选择胸径15 cm以上和观赏性较好的植被采取砍伐线保留和个体保护等就地保护措施
四级	一般常见的灌木和草本	应严格控制施工范围,收集植物残体

注:1. 植被保护对策措施范围为公路主线位置设计坡口线或者坡脚线至占地界之间区域。

2. 吉林省国家级及省级保护植物名录和保护等级应参考《吉林省重点保护野生植物名录》(吉政办明电〔2009〕152)。

3. 植物个体详细保护措施参考附录B。

4. 砍伐线保留措施:被征林地林权所有方在占地界线以内的林木砍伐界线,与公路占地界线之间的区域内的林木如果不影响路基施工无须砍伐,公路工程建设方、施工方等宜积极与林权所有方协商,采取有效办法保留砍伐线附近的林木。砍伐线保留措施应按JTG B04的要求进行。

5. 移栽过程应参考BS 4043相关技术要求或遵循行业通用技术要求。

6 分步清表施工技术

6.1 技术应用要求

分步清表施工技术以 JTG F10 要求为基础进行精细化施工，施工操作应符合规范要求。

6.2 第一步清表

第一步清表应清理出公路设计路基宽度范围，清除表面附着物及表层土，达到贯通全线，保证施工车辆、机械和人员能够进入施工作业面。在第一步清表过程中实施植被分级保护对策和原地保护措施。

6.3 第二步清表

第二步清表应清理设计坡口线及坡脚线至公路用地边界之间的范围，以及隧道口仰坡、隧道口三角区、互通立交、桥梁桥头位置等，宜采用人工的方法清除影响工程安全的植被，对必须设置排水沟（截水沟）的地方，宜采用人工的方法清除影响排水沟设置的植被，减小创伤面。在第二步清表过程中实施植被分级保护对策和原地保护措施。

填方和挖方路基的分步清表施工技术示意图见附录 C。

6.4 技术实施评定

6.4.1 评定指标

6.4.1.1 原生生境保留面积

分步清表施工技术实施后公路占地界线内未被扰动的原生生境面积。

6.4.1.2 原生乔木保留量

分步清表施工技术实施后公路占地界线内保留的原生乔木的种类和数量。

6.4.1.3 原生树木移栽

分步清表施工技术实施后对公路占地界线内的原生树木的移栽。

6.4.2 指标计算

6.4.2.1 原生生境保留面积相关指标计算公式包括:

路侧实际保留面积:

$$S = \sum_i a_i b_i \tag{1}$$

路侧原生生境保留面积极限值:

$$S_{max} = \sum_i c_i b_i \tag{2}$$

路侧原生生境保留率:

$$L = \frac{S}{S_{max}} \times 100\% \tag{3}$$

式中:a_i——第 i 个保留的原生生境宽度;

b_i——第 i 个保留的原生生境长度;

c_i——第 i 个公路占地界线至坡脚线(坡口线)距离。

公路互通立交、服务区、收费站等节点位置原生生境保留面积按实测统计。

6.4.2.2 原生乔木保留量:应详细统计公路占地界线内保留的胸径大于或等于 10cm 的原生乔木。

6.4.2.3 原生树木移栽:应详细统计从公路占地界线内移栽到其他位置的树木种类和数量。

6.4.3 评定方法

6.4.3.1 原生生境保留面积按以下标准进行评分:

0 分:未保留任何原生生境;

1 分:$0 < L < 10\%$;

2 分:$10\% < L < 30\%$;

3 分:$L \geqslant 30\%$。

累积加分项(有以下情况分别加 1 分,满分 2 分):

(1)在公路互通立交、服务设施、桥隧等其他位置进行了原生生境保留操作;

(2)取得不同公路位置原生生境保留面积的正式统计成果表(各方签字盖章有效)。

6.4.3.2 原生乔木保留量按以下标准进行评分:

0 分:未保留占地界线内原生乔木;

1 分:实施分步清表施工技术并保留原生乔木,可进行累积加分项评分。

累积加分项(有以下情况分别加 1 分,满分 5 分):

(1)取得乔木保留数量和种类的正式统计成果表(签字盖章有效);

(2)现场采取了乔木个体保护措施;

(3)保留的乔木中有国家或地方保护物种,或者有景观效果突出的高大乔木;

(4)保留的乔木未受到施工二次破坏。

6.4.3.3 原生树木移栽按以下评分标准进行评分:

0 分:未进行任何原生树木的移栽操作;

1 分:开展了原生树木的移栽操作,可进行累积加分项评分。

累积加分项(有以下情况分别加 1 分,满分 5 分):

(1)取得移栽树木数量和种类的正式统计成果表(签字盖章有效);

(2)移栽的树木中有国家或地方保护树木;

(3)移栽的树木有定期的管养措施;

(4)移栽的树木成活率在 50% 以上。

6.4.4 指标权重分配及综合评分

一般情况下,原生生境保留面积指标权重 0.2,原生乔木保留量指标权重 0.5,原生树木移栽指标权重 0.3,总权重为 1;以平原农田区类型为主的施工标段,原生生境保留面积评定分项权重为 0.8,原生乔木保留量评定分项权重为 0.1,原生树木移栽评定分项权重为 0.1,总权重为 1。

$$
\begin{aligned}
\text{综合分值} = & 0.2(0.8) \times \text{原生生境保留面积评分} + 0.5(0.1) \times \\
& \text{原生乔木保留量评分} + 0.3(0.1) \times \text{原生树木移栽评分}
\end{aligned}
\tag{4}
$$

根据综合评分划定出各路基施工单位的技术实施成效等级,评定结果宜纳入工程建设环保管理奖惩考核体系。

分步清表施工技术实施评定表见附录 D。

7 公路节点位置植物保护措施

公路其他节点位置,包括互通立交、桥隧、管养设施、服务区、取弃土场位置,针对具体情况应对现有植物采取保护措施,具体见表2,详细技术措施参照表1分级保护措施。

鹤大高速公路建设植被保护技术实施案例见附录E。

表2 公路节点位置植物保护措施

节点位置	植物保护措施
互通立交、桥隧、管养设施、服务区、取弃土场	a)迁地保护 公路节点位置占地范围内需要进行迁地保护的种类和方法应参照表1。 b)就地保护 应参照表1分级保护措施进行砍伐线植被保护,保护位置包括互通匝道环内、隧道洞口扇面区域、隧道鼻端区域、桥头锥坡区域、桥下等适宜区域的原生植被保留;个体植被保护措施应参照表1分级保护措施。 c)人工清表 隧道洞口扇面区域、隧道鼻端区域、桥头锥坡区域等机械无法开展大规模清表施工的位置应进行人工清表施工,控制施工扰动范围。 d)地形保护 在不影响施工的前提下应做好隧道鼻端、桥头锥坡等位置原地形的保护,避免大填大挖。 e)控制施工 服务区、管养设施等节点位置面积广、地势平坦,适合机械施工,工程建设中应严格控制施工范围,严禁植被破坏扩大化。 f)移栽绿化 服务区、管养设施等节点位置景观要求高,同时养护条件优于公路其他位置,因此可提前移栽沿线需要迁地保护的植被进行绿化

附录 A 植物样方调查记录表

表 A.1 植物样方调查记录表

<table>
<tr><td colspan="2">样方编号</td><td colspan="2">位置信息</td><td colspan="2">调查时间</td><td>坡度坡向</td></tr>
<tr><td colspan="2">样方面积</td><td colspan="2">群落结构类型</td><td colspan="2">优势种及平均高</td><td>样方郁闭度</td></tr>
<tr><td>植物种类</td><td>高度</td><td>分盖度</td><td>胸径(乔木)</td><td>冠幅(乔灌木)</td><td>照片</td><td>备注</td></tr>
<tr><td></td><td></td><td></td><td></td><td></td><td></td><td></td></tr>
<tr><td></td><td></td><td></td><td></td><td></td><td></td><td></td></tr>
<tr><td></td><td></td><td></td><td></td><td></td><td></td><td></td></tr>
<tr><td></td><td></td><td></td><td></td><td></td><td></td><td></td></tr>
<tr><td></td><td></td><td></td><td></td><td></td><td></td><td></td></tr>
<tr><td></td><td></td><td></td><td></td><td></td><td></td><td></td></tr>
<tr><td></td><td></td><td></td><td></td><td></td><td></td><td></td></tr>
</table>

注:1. 木调查样方仅调查记录乔木的指标,灌木调查样方应记录样方内的所有单个灌木植株信息,草本样方内如果草本为低矮地被植物则记录每种类型的样方覆盖度即可。

2. 根据调查结果可计算出样地内群落的多样性指数、均匀度指数、丰富度指数、密度。根据公路建设植被保护需要,本指南不推荐作进一步计算。

附录 B 植物个体保护措施

个体保护措施包括:树木围栏、树干缠绕、根部挡墙、树干支撑,相应设置示意见图 B.1 ~ 图 B.4。

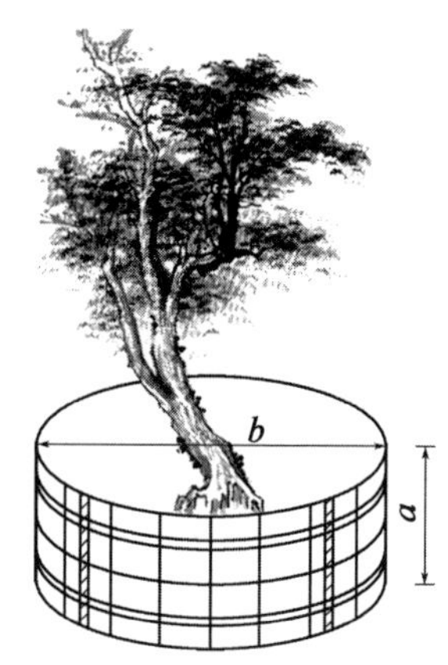

图 B.1 树木围栏设置示意图

注:1. 围栏应为圆形或者正方形;

2. 围栏高度 a 应为 1 ~ 1.5m;

3. 围栏直径(边长)b 不能小于树冠垂直投影最大长度;

4. 围栏材料就地取材,可为木材或废弃建筑材料等,施工结束后围栏可保留;

5. 人员、机械和材料等不得进入围栏区域内。

图 B.2 树干缠绕设置示意图

注:1. 缠绕高度 a 应为 1 ~ 1.5m;

2. 缠绕材料就地取材,可为草绳、木材或废弃建筑材料等捆绑固定;

3. 树干缠绕可防止机械和人为施工剐蹭。

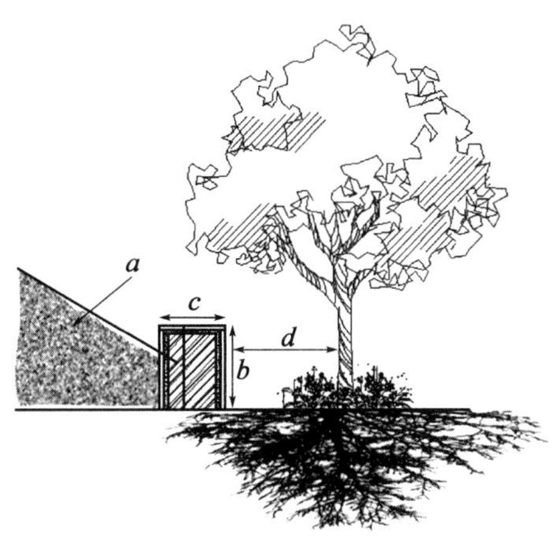

图 B.3　根部挡墙设置示意图

注:1. 挡墙一般设置于路堤边坡 a 外侧;

2. 挡墙高度 b 应高于该位置处的边坡垂直高度且不低于 1m;

3. 挡墙厚度 c 应不低于 10cm;

4. 挡墙与树干之间的距离 d 不小于 1.5m;

5. 挡墙能够避免边坡压实对树木根系的伤害,为树木根系通透性留出一定空间。

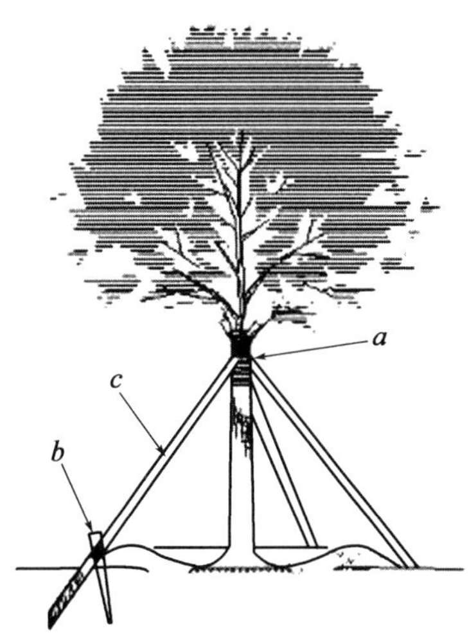

图 B.4　树干支撑设置示意图

注:1. 支撑点位置 a 应根据树木高度确定;

2. 支架 c 应有固定木桩 b 加强固定;

3. 支架 c 材料可为木材或具有一定强度的建筑材料;

4. 树干支撑设置适用于公路建设造成的易倒伏树木,以及移栽保护的树木。

附录C 分步清表施工示意图

填方路基、挖方路基分步清表施工技术示意见图C.1、图C.2。

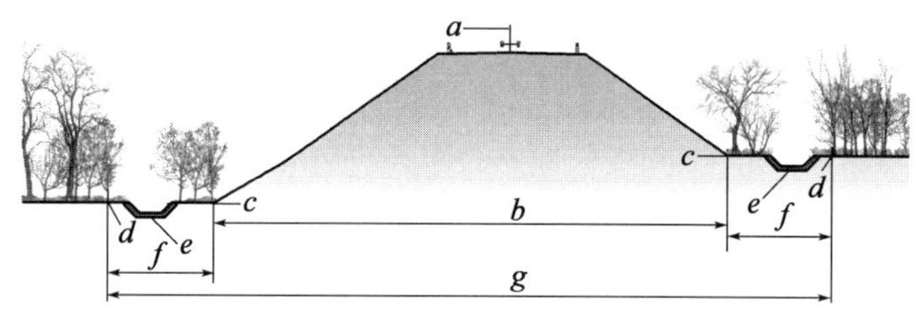

图C.1 填方路基分步清表施工技术示意图

注:1.第一步清表步骤:以公路设计中心桩号 *a* 为基准进行清表,清理至坡脚线 *c* 为止,清理出第一步清表范围 *b*;

2.第二步清表步骤:以坡脚线 *c* 为起点外侧清表,清理至公路征地界线 *d* 为止,清理出第二步清表范围 *f*,对排水沟位置 *e* 宜采取人工清表措施;

3.两步清表总范围不得超过公路占地界 *g*;

4.*a*-路基中心桩号;*b*-路基填筑范围;*c*-坡脚线;*d*-征地界线;*e*-边沟;*f*-坡角线至征地界范围;*g*-公路征地范围。

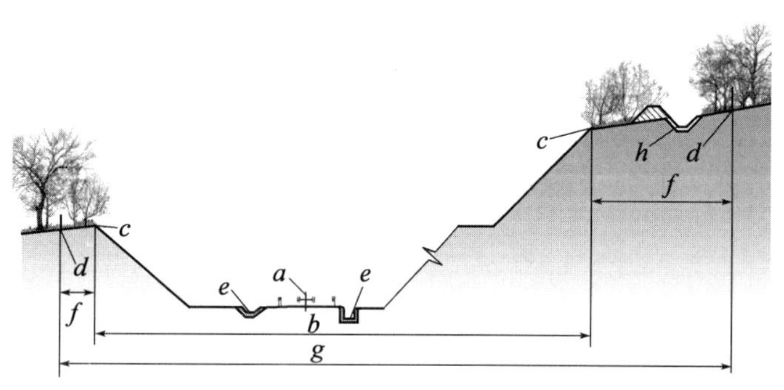

图C.2 挖方路基分步清表施工技术示意图

注:1.第一步清表步骤:以公路设计中心桩号 *a* 为基准进行清表,清理至坡口线 *c* 为止,清理出第一步清表范围 *b*;

2.第二步清表步骤:以坡口线 *c* 为起点外侧清表,清理至公路占地界线 *d* 为止,清理出第二步清表范围 *f*,对排水沟位置 *e* 和截水沟 *h* 宜采取人工清表措施;

3.两步清表总范围不得超过公路占地界 *g*;

4.*a*-路基中心桩号;*b*-开挖范围;*c*-坡口线;*d*-征地界线;*e*-边沟;*f*-坡口线至征地界范围;*g*-公路征地范围;*h*-截水沟。

附录 D　分步清表施工技术实施评定表

表 D.1　分步清表施工技术实施评定表

施工标段			评定时间			评定人		
原生生境保留面积评定			原生乔木保留量评定			原生树木移栽评定		
0 分	未保留任何位置原生生境		0 分	未保留占地界内原生乔木		0 分	未进行任何原生树木的移栽操作	
1 分	路侧保留率：$0 < L < 10\%$		1 分	实施分步清表施工技术并保留原生乔木		1 分	开展了占地界内原生树木的移栽操作	
2 分	路侧保留率：$10\% < L < 30\%$		加分项 1	是否取得乔木保留数量和种类的正式统计成果表（各方签字盖章有效）		加分项 1	是否取得移栽树木数量和种类的正式统计成果表（各方签字盖章有效）	
3 分	路侧保留率：$L \geqslant 30\%$		加分项 2	现场是否采取了乔木个体保护措施		加分项 2	移栽树木中是否有国家或地方保护树木	
加分项 1	是否在公路互通立交、服务设施、桥隧等其他位置进行了原生生境保留操作		加分项 3	保留的乔木中是否有国家或地方保护物种或者有景观效果突出的高大乔木		加分项 3	移栽的树木是否有定期的管养措施	
加分项 2	是否取得公路不同位置原生生境保留面积的正式统计成果表（各方签字盖章有效）		加分项 4	保留的乔木是否受到二次破坏		加分项 4	移栽的树木成活率是否在 50% 以上	
总分			总分			总分		
分项权重：0.2 （分项权重：0.8）*			分项权重：0.5 （分项权重：0.1）*			分项权重：0.3 （分项权重：0.1）*		
综合评分								
注：* 以平原农田区类型为主的施工标段，原生生境保留面积评定分项权重为 0.8，原生乔木保留量评定分项权重为 0.1，原生树木移栽评定分项权重为 0.1。								

附录E 鹤大高速公路建设植被保护技术实施案例

在鹤大高速公路(鹤岗至大连)吉林段某施工标段,对沿线不同植被类型采取了相应的技术保护措施,具体见表E.1。

表E.1 公路施工期植被保护技术实施案例

植被类型	主要群落组成结构	植被保护措施
针叶林	云冷杉林:主要建群树种有鱼鳞云杉、红皮云杉和臭冷杉等,还有红松、长白落叶松、枫桦、紫椴、春榆、槭树、大青杨等树种混生	砍伐线内植被宜协调林权所有方回购保留; 公路占地界内幼龄红松宜移栽; 砍伐线外、占地界内不影响施工安全的高大乔木(直径≥20cm的红松和云冷杉)应就地保留,并采取挂牌、绑草绳、设挡土墙、加固等个体保护措施; 砍伐线外、占地界内其他植被在不影响施工安全前提下可选择性保留; 采取分步清表施工技术,常见灌草植被直接清除,或选择性保留
	落叶松林:以长白落叶松为主,混有少量鱼鳞云杉、臭冷杉、枫桦、山杨、春榆等	砍伐线内植被宜协调林权所有方回购保留; 砍伐线外、占地界内不影响施工安全的高大乔木(直径≥20cm的云冷杉)应就地保留,并采取挂牌、绑草绳、设挡土墙、加固等个体保护措施; 砍伐线外、占地界内其他植被在不影响施工安全前提下可选择性保留; 采取分步清表施工技术,常见灌草植被直接清除,或选择性保留
针阔混交林	主要建群树种除红松外,常见的有鱼鳞云杉、红皮云杉、臭冷杉、沙冷杉以及长白落叶松;常见的阔叶树种主要有紫椴、枫桦、水曲柳、胡桃楸、黄檗、春榆、大青杨、蒙古栎、槭树等	砍伐线内植被宜协调林权所有方回购保留; 公路占地界内幼龄红松和黄檗宜移栽; 砍伐线外、占地界内不影响施工安全的高大乔木(直径≥20cm的红松、云冷杉、紫椴、水曲柳)就地保留,并采取挂牌、绑草绳、设挡土墙、加固等个体保护措施; 砍伐线外、占地界内其他植被在不影响施工安全前提下可选择性保留; 采取分步清表施工技术,灌草植被直接清除,或选择性保留一些本地花灌木,如毛榛子、黄花忍冬、东北山梅花、东北溲疏、小花溲疏、疣枝卫茅、小檗、暴马丁香、兴安杜鹃等

表 E.1(续)

植被类型	主要群落组成结构	植被保护措施
阔叶林	建群树种主要有蒙古栎、水曲柳、胡桃楸、黄檗、色木槭、紫椴、山杨、白桦、春榆、赤杨等	砍伐线内植被宜协调林权所有方回购保留; 公路占地界内幼龄红松和黄檗移栽; 砍伐线外、占地界内不影响施工安全的高大乔木(直径≥20cm 的紫椴、水曲柳,以及直径≥30cm 的蒙古栎、胡桃楸、白桦、槭树)就地保留,并采取挂牌、绑草绳、设挡土墙、加固等个体保护措施; 砍伐线外、占地界内其他植被在不影响施工安全前提下可选择性保留; 采取分步清表施工技术,灌草植被直接清除,或选择性保留一些本地花灌木,如珍珠梅、毛榛、忍冬、鼠李、东北山梅花、溲疏等
人工针叶林	人工针叶林分布面积非常广,包括人工红松、樟子松、云杉混交林、人工长白落叶松林等	砍伐线内植被可协调林权所有方回购保留; 砍伐线外、占地界内其他植被在不影响施工安全前提下选择性保留; 根据现场情况采取分步清表施工技术,灌草植被直接清除,或选择性保留一些本地花灌木
农田	农田植被分布面积非常广	根据现场情况采取分步清表施工技术